Leer y hacer ciencia

Caliente y frío

Written by Melinda Lilly
Photos by Scott M. Thompson
Design by Elizabeth Bender

Educational Consultants
Kimberly Weiner, Ed.D
Betty Carter, Ed.D
Maria Czech, Ph.D
California State University Northridge

Rourke Educational Media
rourkeeducationalmedia.com

Antes de leer este libro

Piensa en lo siguiente:

1. Algún momento en que tenías mucho frío. ¿Cómo te calentaste?
2. ¿Qué se siente al tocar algo caliente? Compara un jugo frío con uno caliente.

Los experimentos de este libro deben realizarse bajo la supervisión de un adulto.

For the Weismans
—M. L. and S. T.

www.rourkeeducationalmedia.com

Editorial/Production services in Spanish
by Cambridge BrickHouse, Inc.
www.cambridgebh.com

Lilly, Melinda
Caliente y frío / Lilly, Melinda.
ISBN 978-1-62717-266-0 (soft cover - Spanish)
ISBN 978-1-62717-459-6 (e-Book - Spanish)
ISBN 978-1-62717-259-2 (soft cover - English)

Printed in China, FOFO I - Production Company
Shenzhen, Guangdong Province

Also Available as:
ROURKE'S e-Books

Contenido

Había una vez . . .

Goldilocks tenía un problema con la **temperatura**.

¿Cómo puede Goldilocks o tú, estimar la temperatura?

Tú no llevas un **termómetro** en el bolsillo, ¿verdad?

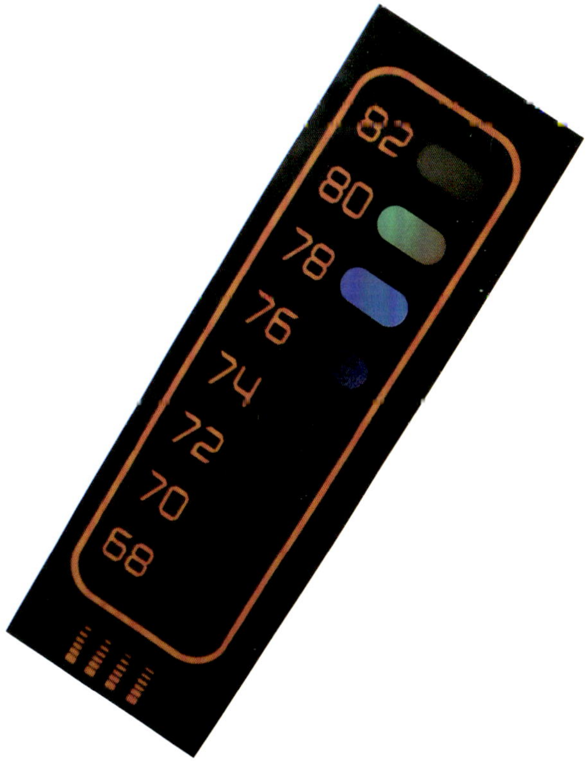

¡Eres tu propio termómetro!

Si no tienes fiebre, la temperatura dentro de tu cuerpo se mantiene a 98.6 grados **Fahrenheit** (37 grados **Celsius**).

Compara tu temperatura con cualquier cosa que toques.

¡Averigua si eres bueno estimando cuán frío o caliente está algo!

¿Cuán caliente?

Necesitas:

- Diferentes materiales como madera, vidrio, espuma de poliestireno, metal, y franela; no uses nada que haya sido calentado o enfriado
- Un termómetro de acuario en forma de tira
- Un reloj

Agrupa los objetos. Ponlos al sol. Espera cinco minutos.

Toca cada objeto.

Organiza los objetos de más calientes a más fríos. Agrupa los objetos que tengan la misma temperatura.

Pon el termómetro en cada objeto. El número mayor al lado del color brillante es la temperatura.

¿Todo tiene la misma temperatura? Esa es la temperatura donde tú estás.

Estimando la temperatura

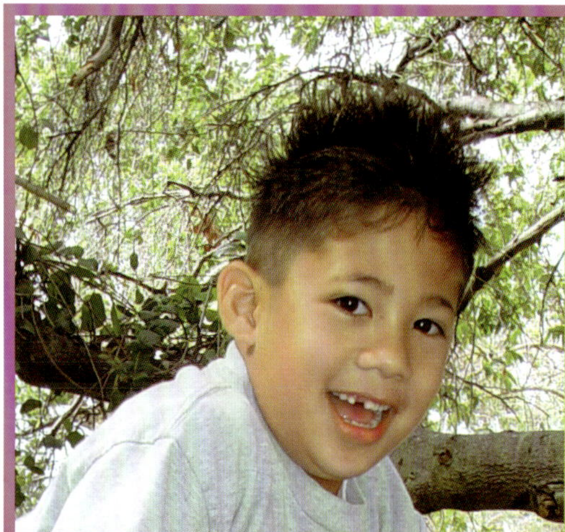

¿Por qué algunas cosas parecían más frías que otras a pesar de que todas tenían la misma temperatura?

La sensación de frío o calor que sientes al tocar un objeto depende de cuán bien **conduce** o se mueve el calor por el objeto.

Metales: los metales conducen el calor con rapidez. El calor de tu mano se propaga rápidamente por el metal. El lugar donde toques el metal se sentirá frío.

Franela: la franela es un **aislante**. No conduce el calor. El calor de tu mano se queda en el mismo lugar donde toques la franela. Ambos se sienten como si tuvieran la misma temperatura.

¡Rocío!

¡El rocío fresco brilla en las mañanas!

¿Cómo se forma el rocío? El **vapor de agua** es agua en el aire. Es un gas. Cuando la temperatura baja y hay suficiente vapor de agua en el aire este se transforma en líquido —rocío.

La temperatura a la que el vapor de agua se convierte en rocío se llama **punto de rocío**. Cuando el aire está seco debe enfriarse más para formar rocío.

¡Halla el punto de rocío de tu dormitorio!

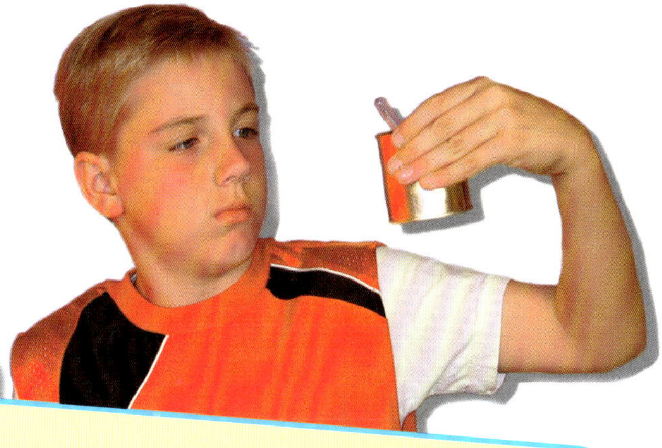

¡El rocío es frío!

Necesitas:

- *Una lata medio llena de agua más caliente que la temperatura del dormitorio y más fría que 98.6 grados Fahrenheit (37 grados Celsius)*
- *Un termómetro de acuario que pueda medir desde 100 grados Fahrenheit (38 grados Celsius) hasta el punto de congelación, a 32 grados (0 grados Celsius)*
- *Un termómetro de tira de un acuario*
- *Tres cubitos de hielo*
- *Papel*
- *Lápiz*

Lee la tira para averiguar la temperatura del dormitorio. (Mira la página 11 para ver las instrucciones).

Pon el otro termómetro en el agua.

Lee el número que esté al lado del punto más alto de la línea roja. Esa es la temperatura del agua.

Anótala.

Cuando aparezca el rocío en la parte exterior de la lata, mide la temperatura. ¡Hallaste el punto de rocío de tu dormitorio!

¿De dónde vino el agua?

La lata se enfrió hasta el punto de rocío. El vapor de agua se condensó en forma de rocío en la lata.

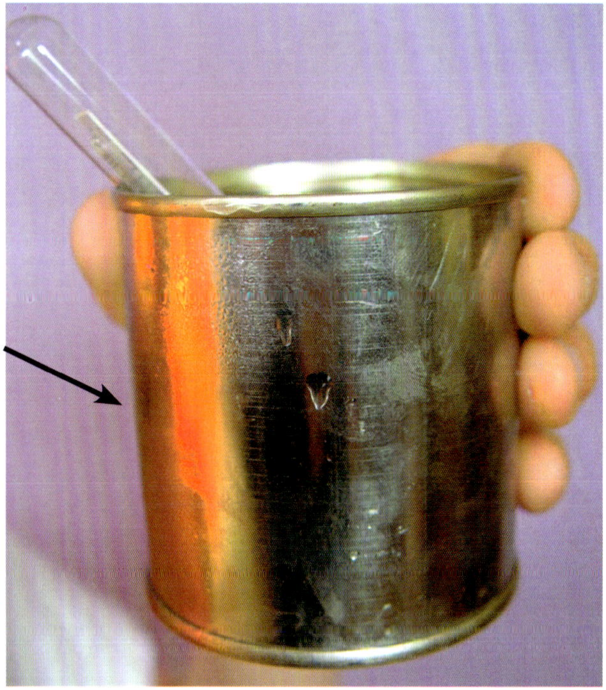

¡Tú hiciste aparecer agua de la nada! ¡Nada mal para alguien que es parte termómetro!

Glosario

aislante — algo que no conduce el calor

Celsius — escala para medir temperatura que pone cero a la temperatura de congelación del agua.

condensado — haber cambiado de gas a líquido

conduce — transfiere calor de un lugar a otro

Fahrenheit — escala para medir temperatura que pone la temperatura de congelación del agua a 32 grados

punto de rocío — la temperatura a la que el vapor de agua se convierte en líquido

punto de fusión — temperatura a la que algo se derrite

temperatura — medida del calor y el frío

termómetro — instrumento que mide la temperatura

vapor de agua — agua en forma de gas

Más información: Se derrite

1. Busca un pedazo de chocolate, un crayón roto y un pedazo de hielo, todos más o menos del mismo tamaño.

2. Pon cada uno en una bolsita transparente.

3. Ponlos al sol.

4. Anota la temperatura (tal y como aparece en el termómetro de tira) y la hora.

5. ¿Cuánto le toma al hielo derretirse? ¿Y al chocolate y al crayón? Anota los tiempos y las temperaturas.

6. ¿Cuál comenzó a derretirse primero? Ese es el que tiene el menor punto de fusión.

¡Piénsalo!

1. ¿En qué se parecen los puntos de rocío y de fusión? ¿En que se diferencian?
2. ¿Qué objeto piensas que conducirá mejor el calor, unos calcetines o unas tijeras? ¿Por qué?
3. ¿Dónde habrá un punto de rocío más bajo, en el desierto o en el bosque tropical? ¿Por qué?

Índice